ـكيان لوليتاـ

أفكار غامضة

اسم الكتاب: أفكار غامضة

نوع الكتاب: خواطر

تأليف: مجموعة مؤلفين

تصميم الغلاف: عبد الله عيسى

التصحيح اللغوي: فريدة أشرف محمد

التنسيق الداخلي: نورا سليمان سيد

رقم الإيداع: 2023/26145

الترقيم الدولي I. S. B. N : 978-977-8983-68-5

جمهورية مصر العربية- القاهرة

مدير النشر: أحمد مكي   جهاد محمود

01142340175.01208209008

Ahmedmakay79@gmail.com

أفكار غامضة

المقدمة

أفكار غامضة..

أخبرك عن الأفكار التي امتلأت بها القلوب وأصبحت الأفكار الغامضة، والتي تُشتت العقل من كثرة التفكير، ولكن سوف ينتهي هذا الأمر ويُصلح الله كل شيء ذات يوم وتهدأ العقول مما يزحمها من أفكار غامضة..

بقلم الكاتبة/ ليلى شوقي العبد
محافظة المنوفية

إهداء..

إلى صديقتي ورفيقة دربي التي ازدهرت بها وهان معها ضغط الظروف وقسوة الأيام "حسنات عبدالسلام"

لم تكفى الكلمات وصف حبي لكِ يا رفيقة الروح وأمني وأماني، بدعي ربي يديم وجودك ويطرح فيكِ الصحبة الصالحة ويجعلك سندًا دائمًا طوال الأيام ورفيقتي في جنة الخلد إن شاء الله.

بقلم الكاتبة/ ليلى شوقي العبد

محافظة المنوفية

"هل من رفيق؟"

يحتاج المرء إلى مَن يؤنسه في حياته، إلى مَن يجعله يشعر بالراحة معه، ألا نستحق أن ننعم بقليل من الوقت لنا نحن؟ ألا نستحق أن يخصص أحدهم لي مكانًا هادئًا ومريحًا؟ حقًا لم نعد نحلم كما يحلم البعض ولم يعد لدينا القدرة على الخوض، فإما أنيس يحتوينا أو سلام على حياة بائسة.

ك/حسنات عبد السلام "الداعية الصغيرة"
"محافظة الفيوم"

''ليت الحياة طفولة دائمة''

كل ما هو جديد لطيف ومريح للقلب حتى العمر الذي يمر علينا، في البداية نمتلك البراءة حتى الخطأ لا نُحاسب عليه، وبمجرد مرور العمر كل شيء ينقلب رأسًا على عقب، فلا البراءة تدوم، والقلوب الصغيرة الجميلة ينتابها حصة من الآلام، فحقًا الحياة كالدراسة، كلما كبرت يتبدل منهجك للأصعب، فحقًا ليت الحياة طفولة دائمة.

ك/حسنات عبد السلام ''الداعية الصغيرة''
''محافظة الفيوم''

"لك القرار"

الشيء الوحيد الذي لن أندم على فعله هو أنني حاولت القرب من الله ولم أقف يائسة كالجميع، فحقًا كل شيء نستطيع ان نعوضه إلّا تلك اللذة التي جعلت قلبك ينبض فرحًا بقربك إلى الله.

ك/حسنات عبد السلام "الداعية الصغيرة"

"محافظة الفيوم"

''الشعور الغامض''

ألم تذكر تلك اللحظة التي مرّت كنسمة رياح هادئة على قلبك! ألم تلاحظ أنك تبتسم بدون سبب وتبتسم وتضحك للمرة الثانية بدون سبب! فاعلم أن قلبك لم يعد يحتمل تلك المشاعر المؤلمة، وأنه اشتاق للمرح والشعور بالفرح، إنه شعور الطمأنينة والسلام الداخلي ولكنه دائمًا ما يبدو بالشعور الغامض.

ك/حسنات عبد السلام ''الداعية الصغيرة''

''محافظة الفيوم''

''لا تستسلم لليأس''

أنت عبقري منذ ولادتك، كل هذا الشعور الذي تمتلكه هو مجرد اختبارات لجهدك، روتينيات للطريق الطويل الذي تسلكه، وليس بمجرد أن ترى عقبة صغيرة بأن توقفك، كلّا بل يجب عليك أن تكتشف من هذه العقبة ما يُفيدك في طريقك، استعمل عقلك وفكّر بهدوء ولا تستسلم لليأس.

ك/حسنات عبد السلام ''الداعية الصغيرة''
''محافظة الفيوم''

"كُـن ذَا أَثر"

"أنت تستطيع أن تُغير الكثير والكثير، أنت وليس غيرك تستطيع أن تعبر طُرُق صعب التفكير في مجاوزتها، ولكن بعقلك ستعبر الصعب للوصول للأصعب منه وتتحدى نفسك على أنه لا شيء سيقف أمامك، حتى إن لم يكن لِهذا الطريق هدف، فليس النجاح هو أن نعبر الطريق وفي آخره نرى الانتصار أو النجاح، ولكن النجاح الحقيقي هو أن نستمتع ببذل الجهد لتخطي الطريق وهذا هو النجاح، ليس الحلم هو الهدف آنذاك، ولكن الحلم هو أن تتعلم كيف التخطي من الصعب للوصول بسلام لِلأمان، كل الإرهاق والتعب المبذول لأجل النجاح هو بذاته نجاح".

ك/حسنات عبدالسلام "الدَّاعية الصَّغِيرَة"

محافظة الفيوم

''أنا سنــــدي''

متستناش مساعدة مِن حد على أمل إنه يسندك أو يكون دعم ليك، خليك أنت العزيمة اللي بتقويك واعرف إنك لو استنيت الدعم يبقى الدعم مش ببلاش ومحتاج منك مُقابل، خليك الحُضن اللي بترمي فيه، إنت مش ناقص إنت كامل، محتاج مأوى! حط إيدك اليمين على كِتفك الشِمال والعَكس وطمِّن نفس بنفسك، طبطب بإيدك على كتفك وقولها بكرة هيعدي، خليك قوي ومتستناش القوة من مخلوق، أنت قادر بنفسك.

ك/حسنات عبد السلام ''الدَّاعية الصَّغيرَة''
محافظة الفيوم

"إهــــــــداء"

أُهدِي هَذا الكتاب إلى مَن كانت قادرة على بناء ركن خاص في قلبي لها، لن أقـول لا يُوصِفُ الشعر جمـالها، ولكن أقـول أن شِعري مـال من سحرِها، كورد الجوري كانت وعطرها فاق الحدود أحقًا لم نلتقي يومـاً ولكن بسماع صوتها أراها هي الجميع من حولي، إهداء إلى مَن حازت مرتبة الشرف في عقلي وقلبي "ندى الدقاق"..

ك/حسنات عبد السلام "الدَّاعية الصَّغِيرَة"

محافظة الفيوم

"هتتعلم"

"طُول ما أنت عايش هتِتعلِّم، هتتعلم إنه مش أي حاجة عجَبِتك وعنيك بتلمع عليها تبقى بتاعتك أو من نصيبك، ومش كل حاجة بتبقى في وجهة نظرك حلوة تبقى هي الخير واللي هبني حياتي عليها، مشكلتنا كَبني آدمين إنه عندنا حب امتلاك وسُوء اختيار، علشان دايماً بنتمنى شيء مش شبهنا ومفكرين إنه طوق النجاة وسر السعادة، وكمان بنحب نمتلِكُه رغم إنه هيضرنا، من الآخر لازم تتعلم وإلّا هتندم يا عزيزي".

ك/حسنات عبد السلام "الدَّاعية الصَّغِيرَة"
محافظة الفيوم

‏"هـل حقًا سنلتقي؟!"

‏"لقد رسمتُكَ في مُخيلتي عِدّة مرّات، في كُلّ مرةٍ كُنت أتخيل لقائي بك أزداد فرحًا، صعب الوصول لك ولكن ليس مستحيلًا، هُنا سأصمِتُ قليلًا وأترُك الحرية لقلمي بالتعبير عمّا يدور بِداخلي، أحببت حورًا من الجنة بل عشقته، وحاولت أن أوصف بعض ملامحهُ ولكن فاق الخيال أن يجذب جمالهُ، فوالله إنه اتخذ ضلوعي بيتًا وقلبي كعرش ليستوي عليه كيف يشاء، فلم أستطِع فعل شيء سِوىٰ أني تركته يمتلك بيته وعرشه بداخلي، وفجأةً شعرتُ لِوهلةٍ أني حقًا سأراهُ أم أن ذلك كان مجرد خيال، فهل حقًا سنلتقي أم أنها أضغاثُ أحلام!

ك/حسنات عبد السلام ‏"الدَّاعية الصَّغِيرَة"
محافظة الفيوم

‏"فِــــكرة"

"ربنا مخلقناش علشان نصاحب الحزن واليأس ونلزق فيهم، أنتَ موهوب وشاطر، عندك عقل يخليك مِن واحد شايف نفسه فاشل لِواحد مش بيلاحق على النجاح، اسعَى وعافِر وخليك مع ربنا دايمًا و افتكر إن العُمر مش باقي فيه كتير علشان لسه نقعد نضيع منه، ارمي كل شيء ورا ضهرك و ابعد عن شيطانك اللي هدفه يحبطك، وكمل وسيب علامـة".

ك/صفـــــاء محمد

محافظة الإسماعيلية

"يقيــــن"

"دايماً خلّي عندك يقين بالعوض، مهما خسرت ومهما عدَّى عليك مواقف تأكد إن عوض ربنا جاي وهيكون أحسن بكتير، العوض مش بس بيفرحك ويسعدك، ده كمان بينسيك اللي فات واللي مرعليك من حُزن وجرح، فَثِقْ في الله إنه هَيعوضك".

ك/صفــــاء محمد

محافظة الإسماعيلية

"صبـــرًا آلَ ياسِـــر"

"الصبر من أجمل الصفات، جميل وآخره رِضا وفرحة، اصبر وخليك راضي بحالك كل الصابرين على ابتلاء ربنا جُبِروا، كل اللي صبروا ربنا عوضهم بالعوض الجميل واللي فعلاً مكانوش يحلموا بيه، لأنهم فوّضوا أمرهم لربنا فخلّي عندك يقين إن في حاجة حلوة هتحصلك، اتعشم في ربنا أوي وعلى قد صبرك وتحملك على قد الفرج والفرحة اللي هتشوفها، ربنا مُطّلِع عليك وهيسعد قلبك بالخير كله، اطمئن وإحساسك إنه هيراضيك وهيعوضك ده مش من فراغ ده إحساس قاصد يوصلهولك عشان يديك دافع إنك تكمل".

ك/صفـــــاء محمد

محافظة الإسماعيلية

"رفقًا بقلبك"

"يعلمُ الله الدعاء الذي تُكررهُ كُل يوم، وحُلمكَ الذي تنتظرهُ، وطلبك الذي تُلح به في كل سجدة، يعلم الله أين كُسِرَ قلبك وسيجبُرَهُ، يعلمُ مُرادك وسيدهشك بتحقيقه لك بأجمل مما تمنيت، يعلمُ الوجع الذي يسكن روحك وسيشفيه بشيءٍ مُبهرٍ يفاجئك، يعلم صبرك وقوة تحمُلك وستُمطر سماء روحك بعوض جميل لم تكن يوماً تتخيلهُ"

ك/صفـــــاء محمد

محافظة الإسماعيلية

"شبيهة القمر أنتِ"

"كل ما تلاقي نفسِك مُحبطة خدي نفس عميق كده و افتكري إنك مش في سباق مع حد ولا مُضطرة إنك تثبتِ حاجة لحد وإن كل حاجة هتيجي في وقتها وإن الدنيا مش ٢٤ قيراط زي ما بيقولوا، الدنيا دار بلاء و ابتلاء واختبار، ده امتحانِك ومش دي نهايتك، ولازم تتأكدي إن رزقك مش هيروح لغيرك، لا رزقك في الفلوس ولا رزقك في الناس، وكلنا فترات حلوة أو وحشة و أنتِ اللي في إيدك تخلي الفترة طويلة أو قصيرة مهما كانت غلاوتنا ومهما كانت الوعود، وكله بيتنسى وكله بيعدي، صعب أو سهل والله هيعدي صدقيني".

ك/صفـــــاء محمد

محافظة الإسماعيلية

"قلوب جُبِرت"

"برغم كُل المعاناة والتعب اللي شوفته هتتجبر وهتعدي زي كل مرة متقلقش مش مستاهلة زعلك ربنا مُوجُود جنبك ومعاك لو مُش لاقي حد يسندك هو اللي هيِسندك ويقف جنبك، هيعوضك عَن كُل الوحش اللي شوفته، هتعيط مِن جمال عوضه صَدقني، اصبر بس.. عارف إنك صِبرت كتير بَس عَوضه أحلى، ابتسم ومتقلقش هتعدي".

ك/صفـــــاء محمد

محافظة الإسماعيلية

"غيّر مـــن نفسك"

أنا فاهم إنك كنت بتحارب علشان تعدي امبارح وكمان هتفضل تحارب النهاردة علشان تعدي اليوم، بس لحظة كدا قوم واستعين بالله على كل صعب وابدأ يومك بشكل كويس شوية بلاش ذُنوب، غيّر كل حاجة بتبعدك عن ربنا وحاول تقرّب منه لازم أنت اللي تبدأ وتكون حَابب دَه وبعدها يومك هيكون هادئ وماشي تمام طول ما أنت في طاعة ربنا، بس لازم تاخد الخطوة الأولى {إِنَّ اللّهَ لاَ يُغَيِّرُ مَا بِقَوْمٍ حَتَّى يُغَيِّرُواْ مَا بِأَنْفُسِهِمْ}".

ك/صفـــــاء محمد

محافظة الإسماعيلية

"خليـك إيجابـي"

"بلاش تنكد على نفسك، وتخلِّي عينيك تركز على الشيء اللي ميؤوس منه الأمل، عوِّد نفسك إنك تشوف الأحلى اللي يديلك طاقة إيجابية أكتر وخلِّي تركيزك عليه، كل حاجة بتحصل معاك بتبقى أسوأ أو أفضل حسَب ما أنت عايز تشوفها، وعلى قد ما شجعت نفسك وقدِّمت اثبت وتفاءل بالخير هتلاقي الخير جايلك من كل مكان، الزعل لو بيفيد مكنش حد بطَّل عياط، قوِّي نفسك وسيبها على ربنا وكل حاجة هتبقى زي الفل".

ك/صفـــــــاء محمد

محافظة الإسماعيلية

"يعــــــلمُ الله ما بداخلك"

"إنَّ الله يرى لهفتك واشتياقك لتلك الفرحة، حَاشاهُ أن يَرُدُّك خائبًا، سَتتهيأ الأُمور وتتيسر الظُّروف، سيجعل من المُستحيل مُمكنًا، سيختفي جُرحك، ستُفتح الأبواب المُغلقة، ستأتي الأيَّام الحُلوة، سيجمع بينك وبين مُرَادك، سيصلح الله كُلَّ شيءٍ، سيأتي جَبره لتُدرك حِينها أنَّهُ لم يخذلك ولتعلَّم أن عَوض الله آتٍ، وسيكُون نعم العِوَض، سَلَّم أَمَرك لله فما خَاب مَن أودعَ لله شتَات أمره".

ك/صفــــــاء محمد

محافظة الإسماعيلية

"وجودك مُـــهِم"

"لما تحس إنك مش كويس خليك دايمًا فاكِر إن ربنا بيحبك وشايف مُعاناتك في الحياة وحاسس بيك و إنك مُش لوحدك، خليك دايمًا فاكر إن سعادتك وضحكتك مهمة فمتعلقهاش على حد، خليك دايمًا فاكر إن الناس بتروح وتيجي بس صحتك لما تروح مش هتيجي، خليك دايمًا فاكر إن مفيش حاجة ثابتة لا الفرح دايم ولا الحزن دايم، ومش معنى إنك عديت بفترة صعبة يبقى حياتك كُلها كده، لو شايف إن محدش فخور بيك ومحدش عايزك لا افتخر بنفسك وحب نفسك ومتنساش إن كُل اللي أنت فيه دا هيعدي بكرم ربنا".

ك/صفـــــاء محمد

محافظة الإسماعيلية

"المقارنة"

لا أحب المقارنة ولا أحب مقارنة الأشياء ببعضها أكره ذلك الشعور، أؤمن أنني لست كاملة فالكمال لله عزوجل، ولكني أملك شيئًا لا يملِكهُ غيري، وغيري يملك شيئًا أنا لا أمْلِكهُ، لذلك أستحق مكانًا بعيدًا لا يجمعني بغيري على الأقل في قلوب الذين أحبهم، لأني أيضًا لا أضعهم في مقارنات مع الآخرين.. أنا إذا أحببت شخصًا أحببتهُ كما هو بكل مميزاته وعيوبه، وإن كانت العيوبُ أكثر فقليلٌ صادق خيرٌ من كثيرٍ مُزيف، لذلك إن وجدتُ نفسي في مقارنة وأحدهم يقارنني بغيري سوف أنسحب من حياة ذاك الشخص وإن كان أقربهم لقلبي، فأنا لا أستحق أن أكون خَيَارًا ثانيًا في حياة أحدٍ مهما كان.

ك/مـــــروة مـحمود

محافظة الفيوم

"أين أنت الآن"

الثالثةُ عشر بتوقيت قلبي أشتاق إليك كثيرًا أريد أن أتحدث معك، أعلم أنَّ الوقت الآن لا يسمح ولكن أنت مَن أخبرتني وجعلتني أعتادُ على ذلك، قُلت لي ذات يوم كلما اشتقتِ أتيتِ ولو كان الوقت لا يسمح لن أدعكِ وحيدة سأكون ظلك الذي أينما ذهبتِ كان خلفك، ألم يكن ذلك حديثك فأين أنت الآن! أنا أشتاق والوقت يسمح وقلبي يناديك، وأنت تعلم أنني أحتاج إليك كثيرًا في هذا الوقت ولكنك لم تأتي، أنا هنا وظلّي معك، أعلم أنني أخطئ لأنني لست ملاك، لست كما تريد ولكني لا أعرف كيف أتصنع وأنت مَن علّمني ذلك، فماذا حدث الآن ألن تعود حقًّا!

ك/مـــروة محمود

محافظة الفيوم

''المسافات''

أحب تلك المسافة في العلاقات، القرب يفسد علاقات شتى فكلما تقربت أفسدت وكلما تقربت أصبحت لا تهتم وباتت العلاقات دون مشاعر، يكسوها البرود ويملأها النفور وكثرة الصراعات، لذلك أحب تلك المسافات التي تُحافظ على الوُد وتعالج صراعات القرب، أحب المسافات التي تجعلني أريد القرب أكثر، هناك لذة للمسافات لا يعرفها إلّا مَن يُتقن ذلك الفن الذي يُسمى فن المسافات، لم أرى المسافات في شيء إلّا وزُيّن بالنجاح، فهناك هندسة ربانية للمسافات وهي تلك المسافة بين الأرض والسماء، وأيضًا إذا رأيت الصورة من بعيد سوف تراها جميلة، وإذا اقتربت منها ستظهر أسوأ ما بها، وكذلك الحب أيضًا إذا لما نترك به مسافة ستموت اللهفة وما الحب دون لهفة، فهنيئًا لمَن أحب تلك المسافات..

ك/مــــروة محــمــود

محافظة الفيوم

''العلاقات''

كم أصبحنا نعاني من فساد العلاقات فكم من علاقاتنا لم تستمر وكم من قلوبٍ تتحطم بسبب ذلك القهر والآلام التي تسببها العلاقات وكم من أطفالٍ تتشرد، أوتُصبح عقولهم مُشتتة بسبب عدم نجاح تلك العلاقة بين الوالدين وكلهم لم يتذكروا قول الله تعالى «وَجَعَلْنَا بَيْنَكُم مَّوَدَّةً ورحمة» وإن تذكر أحدهم فالأخر لا يُبالي، وكم من أصدقاءٍ أصبحوا غُرباء وكأنهم لم يكونوا بالأمس إخوة، أين ما كنتم بالأمس تتلوهُ سويًّا، قال تعالى «إِذْ يَقُولُ لِصَاحِبِهِ لَا تَحْزَنْ» ولأن أصبح الصديقُ مَن يُحزن صديقه ونُسيت الآية، نحن لم نُخلق لهدم العلاقات، لم نُخلق لننتصر على بعضنا في الخلافات، لم نُخلق لنستنزف أيامنا في هدم العلاقات، فالعلاقات وُجدت لتكون متكئًا وأمانًا للقلوب لا تعبًا ومشقة لها.

ك/مـــــروة محمود

محافظة الفيوم

"لست أنا مَن تراني"

لست بتلك القوة كما ترى في تصرفاتي..

لست بتلك الشجاعة التي تراها مع كل موقف يكون الانهيار فيه واجب وتراني أقف بصمود..

لست أنا تلك الفتاة القوية كما يظنها الجميع..

أنا فقط ذاك القلب الهشّ ذلك الذي يحمل مشاعر فيّاضة، أنا تلك الفتاة التي تُساند الجميع للوقوف وإكمال الطريق، أنا التي أسعى لأجعل السعادة تملأ قلوبهم، وقلبي أنا يحملُ وجعًا وقهرًا وألمًا ولا يفكرُ به أحد، الشعور بالوحدة يقتلني وما زلت أُخفي كل ذلك في داخلي وأُظهر تلك القوة، فعندما أبتسم لا تظنوني سعيدة بل اعلموا أني عندما أبتسم أتصدق .

ك/مـــروة محمـود

محافظة الفيوم

''الخذلان''

أحببتهُ بكل ما أملك من مشاعر، رأيته وكأنه العالم بأكمله، تغيّرت لأجله وأصبحت شخصًا لا يعرفني كنت أفعل المستحيل لأجله، وذات ليلة لا أذكرها لكنها حُفرت في قلبي في تلك الليلة تركني أنا والمستحيل، خذلني بعدما كنت أحارب به العالم وأصبح يحاربني هو والعالم سويًّا، هو يُحاربني بذكرياته والعالم يحاربني بعدم نسيانه، ولم أربح الحرب يومًا، أعلم أن لكل شيء دورهُ في الحياة، لكني لم أكن أعلم أن دورك هو أن تقومُ أنت بخذلاني و أنا التي ظننتك مختلفًا، فكان اختلافك أني إلى الآن لا أعرف كيف أنساك..

''كُتِبت لأجلك''

ك/مـــروة مـحـمـود

محافظة الفيوم

"لا تكن نقيًا"

لا تظهر على حقيقتك فتكن وحيدًا نافق واخدع، لا تكن نقيًا أولئك البشر لا يحبون الأنقياء ولا الأوفياء، هؤلاء البشر يحبون الأقنعة يحبون مَن يخدعهم، فقُل كلماتٍ ليس لها في قلبك أثرًا لتكن محبوبًا ويكن الجميع حولك، أهكذا أصبحنا! ولماذا أصبحنا هكذا؟ أتستشعرون الراحة في ذلك؟ فوالله لا خداع يتبعهُ راحة ولا يجتمع نفاقٍ وطمأنينة في قلب واحد، فلأكن وحيدة بلا نفاق أكن وحيدة وقلبي مطمئن، أكن وحيدة وليذهب ذاك الجمع إلى الجحيم..

ك/مـــروة مـحمـود

محافظة الفيوم

"ليتنا لم نكن"

ليتنا لم نعرف الحب يومًا..

ليتنا تركنا العقول تختار..

فكل الذين أحببناهم جميعهم يذهبون والأسباب تختلف، منهم مَن يذهب لأنه لم يُبادِلنا الحب، ومنهم مَن أحبّتهم القبور وأحبّوا لقاء الله فذهبوا وتركونا نتألم من الاشتياق، تركوا بقاياهم التي تجعلنا نتألم، تركوا أماكنهم وتركوا وسائدهم تلك التي نحتضنها كل ليلة، تركوا جميع الأشياء إلّا قلوبنا لم يُفارقوها يومًا، بل أصبحوا يسكنوها وبشدة وما زال الحب يؤلمنا وما زلنا نحب مَن كانوا سببًا لنتألم، شعوريقتلُ بقايانا فالوقت يشفي الجروح والأثرباقٍ لا يشفيه وقت ومن حينٍ إلى أخريؤلمُنا وآلامُه لا تظهربل تأكل بقايا روحي..

ك/مـــــروة محمود

محافظة الفيوم

"الانعزال"

لديّ رغبة قوية تدفعني للانعزال فكلما انعزلت عن الأشخاص باتت مشاكلك قليلة وباتت همومك قلّة، فبعض البشر وجودهم ضوضاء، وبعضهم وجوده راحة، و أنا دائمًا ما أحب الانعزال لكني لا أريد أن أبقى وحيدة، و أيضًا لا أريد الجميع حولي، أريد شخصًا يكن لي الجميع يكن ظلي حين أنعزل، يكن عقلي حين أُفكر، يكن قلبي حين أُحب، وقبل ذلك يكن طريقي ووجهتي الوحيدة، يكن إمامي ومُؤذني يكن شيخي وقارئي، يكن هو انعزالي الأول والأخير..

ك/مـــروة مـحـمـود

محافظة الفيوم

"أصدقائي"

منذ أن أصبحتُم أصدقائي حينها فقط شعرتُ أني أمتلك كنزًا لا يمتلكه غيري فهنيئًا لي صحبتكم وهنيئًا لي دعائكم الذي يفرش طريقي بالسعادة، كم كان حظي عظيمًا بصحبتكم، أوفياء ذات قلوبٍ لينة، نادرون في عصر المألوف، حقيقيون في زمن الخداع، إخوتي بالمواقف والحب يا ليت كل الأصدقاء كأصدقائي عوني في المشاكل، ومسندي وقت الشدائد، وهم ذلك الصوت الذي يهتف بالدعاء من أجلي، يجعلوني أكتفي حبًّا فلا أريد حبيبًا ولا أحبّة فهم حبي وأحبّتي، هم تاج فخري وعزّتي، هم عنواني وأنا دونهم بلا عنوان..

"كُتبت لأجل أحبّتي"

ك/مـــــروة محمود

محافظة الفيوم

''أنا وذكرياتي''

ذات ليلةٍ كنت أظنها لن تأتي، ولكن دائمًا ما تأتي الرياح بما لا تشتهي السفن، وأتت تلك الليلة التي كنت أخشى مجيئها، تلك الليلة عندما تركوني وحيدة، الجميع تخلّوا عني وما بقى إلّا الذكريات وتلك الرسائل التي لم تُرسل خوفًا من برودة الرد، لم أجد متكئًا غير تلك الذكريات التي أخذتها معي وذهبت، هم أخذوا شبابي وحبي حتى نفسي ما تركوها، وأنا لم يبقى لي سوى ذكراهم، لن أقول أن جميعها مؤلمة بل سأقول حتى الآلام معهم كنت أحبها ولو عادوا مرة أخرى فمرحبًا بعودة القلب ومَن يملكوه..

ك/مـــروة مـحـمـود

محافظة الفيوم

"بعنوان ضوضاء الحياة"

هذه المرة.. هذه المرة فقط جئت لأنثر وجعي على هيئة كلمات، جئت لأجعل دموعي تتوقف على سطور كلماتي.

أنا هنا والعالمُ خلفي يكسيني وجعًا، يُحطمني ويجعلني أنهزم بأنواع شتى، فالمرة الأولى والتي كانت كموتتي الأولى هي عندما ظننتُ أن الأهل جميعهم سند وملجأ وما وجدتهم غير انكسار وتحطم، ما وجدتهم غير مصدر ضوضاء داخلي، ذاك الصراع بين أمي و أبي في تلك الليلة جعلني أبحث عن شخص يكن ملجأي، وما إن وجدتهُ حتى جعلني أهربُ إليه في كل مرة كنت أحتاج حضن أمي وحنان أبي ولم أجد سوى تلك الضوضاء، أصبحتُ أهربُ إليه ومعي وجعي وضعفي، معي كلُّ هزائمي، أصبحت معه بيُتْي الحقيقي الذي يخفيه وجودُ أهلي دون وجود، كل تلك الهزائم كان يحملُها معي دون أن يجعلني أشعر بها، وما إن اطمأننت بوجوده حتى تركني وذهب، تركني في المنتصف لا أعلم طريق العودة ولا أريد الرجوع، فكل أبواب الدنيا مهلكة، فبابها الأول كان طفولتي التي كانت بين ظلام غرفتي وصياح أبي وأمي، وبابها الثاني كان هِرمي الذي بتر جميع أعضائي وتركني جثة هامدة لا تقوى على شيء سوى أن تحقق ما يريد الآخرون، فهنيئًا لكم الحياة التي مارستُموها على قلبي، وهنيئًا لأبي وأمي فلم يعلموني شيئًا سوى الموت بداخلهم وهذه موتتي الأخيرة..

ك/مـــــروة مـحـمـود

"على ضفاف الدمع"

كانت تقف دمعة فراق على أطرافِ عيني لا أود نزولها ولا أستطيع أن أجعلها تتوقف، في تلك اللحظة شعرت أني أنهزم للمرة المليون وتساقطت دموعي حينها وإلى الآن تتساقط دموعي وإن كان الأمر لا يستدعي، تتساقط وكأنها دائمًا تقف على أطراف عيني وتُحاوطُها رموشي، وكان هناك أيضًا دمعةُ شوق وحنين أبكيها في غرفتي دائمًا ولا أحد يعرف عنها شيء، أبكيها لأُخبر نفسي أنه لا يستحق ذاك الحب ولا يستحق أن أشتاقُ إليه، أبكيها لأجعل قلبي يتألم كي يعرف أنه لم يكن محقًّا حين أحبه! عُذرًا فما زال يحبه وما زالت دموعي تتساقط لأجل ذلك الحب..

ك/مـــــروة محمود

محافظة الفيوم

"في فجر اليوم السابع والعشرون من أكتوبر"

في هذا الوقت في تمام الساعة الرابعة والنصف أتمنى أن تعود الحياة كما عادت الساعة، كم كنت أتمنى أن ينام أطفال غزة بسلامٍ آمنين لا تفزعهم تلك الأصوات ولا تملأ أعينهم سوى دموع النصر فقط، فيا لهم من أطفال تجعلهم المواقف أسودًا يهتفون لبلادهم، فكم من دماء سالت أمامهم وكم من أشلاءٍ رأوها وكم من فقدٍ أصابهم، وكم أصبحوا أيتامًا فلقلبي شقائهم ولعيني بكائهم ولروحي فقدهم ولنفسي ثم نفسي ثم نفسي يُتمهم..

"لم تُكتب بالحروف كُتبت بدموع قلبي"

"إلى أطفال غزة"

ك/مـــــروة مـحـمـود

محافظة الفيوم

‏"قاعدة أعيش بها"

لا أُريد أن أكون شخصًا عاديًا أريد أن أختلف عن الأخرين مختلفًا فقط، أريد أن أعيشُ بنقاءُ قلبي، وصفاء روحي، أودُ أن أضع بصمة على جبين الواقع وحين موتي أذهب أنا وتبقى بَصْمَتي تنبضُ باسمي، أريد أن أكون عكازًا للجميع فشعور الوحدة مميت لا أريد أن يشعر به أحدٌ مثلما أشعر به أنا، أريد أن أكون فتاة إن ماتت أصبحت نجمة في سماء الكون لم أمت بقلوب أشخاصي، فكيف ينسوني وأنا التي ما زلت أدفع من عمري أعوامًا ليكونوا سعداء وهذه قاعدتي التي أعيش بها وما زالت ترهقني.

ك/مــــروة مــحمــود

محافظة الفيوم

"إلى أين المسير"

نسعى دائمًا إلى ما نريد تحقيقه نتدحرج ونقف نواجه عوائق شتى ولكن نضع الهدف دائمًا أمام أعيُننا، نسمع كلماتٍ تهدم بقايانا ولكننا نُكمل فمَن أنتم لنتراجع من أجل ما تقولون، أنتم لا تملكون لنا شيئًا سوى الكلمات فإن كانت تلك الكلمات تُحفزنا فجُزيتم عنّا خيرًا، وإن كانت تلك الكلمات تحبطنا فهنيئًا لنا الفوز والارتفاع إلى القمم فنحن الذين نسعى ولم يُحبطنا شيء وكل ما نريده هو أن يكون السعي إلى الطريق الصحيح، وصادفتني ذات مرة جملة عظيمة "أولئك الذين يتركون كل شيء في يدي الله سوف يرون في النهاية يدي الله في كل شيء" فكم من الراحة في تلك الجملة، فلن نجعل شيئًا يحبطنا سوى البعد عن الله وما دام الله معنا سوف نصل والسعي سوف يُتوّج بالنصر والسعادة.

ك/مـــروة محمـود

محافظة الفيوم

"گ قاف القمر أنت وغيابك عني مُر"

عندما تغيب عني أشعر بالوحدة وقلبي يؤلمني بشدة، أشعر وكأني يتيمة بين أهلي فأنت مَن جعلتني أطمئن بوجودك والآن تغيب عن عالمي وتحضر دائمًا بقلبي وتفكيري، أُردد دائمًا ماذا فعلت ليغيب عني هكذا؟ فأظل أبحث لِأعرف السبب فلا أجد سوى أني أحببتك حد السماء فضمنت أنت وجودي فأصبحت تغيب كما تهوى، تغيب وكأن القمر يغيب من السماء معك ويصبح الليل أكثرُ ظلامًا ويصبح قلبي أشد ألمًا، فيا ليت عيناي هي مَن أحببتك حتى إذا غبت أنت غاب معك كل شيء غاب حبي واشتياقي، ولكن قلبي هو مَن أحبك فكيف أجعله ينساك، كيف أجعلك تخرج من صميم روحي، كيف والقلب يهتف دومًا في كل صلاة باسمك ويتوقف فجأة بماذا يدعو بعد ذلك! هل يطلب الرجوع إليه أم ماذا يطلب؟ فإذا كان يريد الرجوع فلماذا ذهب؟ عقلي مشتت ولكن ما أتمناهُ حقًّا أن تظل دائمًا بخير وإن كنت بعيدًا فالقمر بعيد كل البعد ولكنه الأقرب لقلبي.

ك/مـــروة محمـود

محافظة الفيوم

"سرداب الذكريات"

في كل ليلة أتمنى أن أضع رأسي على وسادتي وأذهب في نومٍ عميق، ولكن كيف وسرداب من الذكريات يُطاردني، ذكريات بعضها يُبكينا فرحًا وأكثرها يبكينا ألمًا وفي كلتا الحالتين أبكي وتترك بصمة لم تفارق قلبي بل تجعلني أبكي عندما أتذكر مَن ذهبوا عندما وجدوا غيرنا ويهتفون وجدنا البديل ولا يعرفون أن الورود لا بديل لها، ونحن كالورود لن يجدوا لنا بدائل، لن يجدوا قلوبًا تخشى حزنهم، لن يجدوا مَن يحب بصدق كما نحب، فنبكي على أنفسنا، نبكي شوقًا على مَن أصبحت ديارهم القبور ولا نملك سوى ذكراهم، هم يسكنون القبور ونحن تسكننا الذكريات ونُكمل على ما تبقى من ذكراهم، ويبكينا أيضًا أننا دائمًا نهون على مَن أحببنا..

ك/مـــــروة محـــمـــود

محافظة الفيوم

"ثورات قلب"

لا نعرف كم نمتلك من الصبر والقوة كم نحن أقوياء، لا نكتشف ذلك إلّا عندما يتخلى عنّا مَن كنا نظنهم سندًا، مَن ظنننا أنهم مصدر الاتكاء الذي نحتاج إليه والآن قد ذهبوا ونحن هنا صامدون بدونهم فكم هي قوية قلوبنا، ولا نكتشف ذلك إلّا عندما نبتسم حين تهزمنا أشياء جميلة، لا نكتشف ذلك إلّا عندما نتحدث مع الذين خذلونا دون حقد وكراهية فكم تحمل قلوبنا من نقاءٍ، وكم تحمل من قوة ونحن لا نعي مدى صلابتنا، فكم أهدتنا الحياةُ دروسًا ولكن نقاءُ قلوبُنا فطرة لا تغيرها الأيام ولا الأشخاص ولا المواقف.

ك/مـــــروة مـحـمـود

محافظة الفيوم

"كعين العمر أنت وإن غبت صار مُر"

أُطيل النظر إليك بالساعات ولا يمل قلبي من رؤيتك، بل إن غبت عني لحظة اشتقت إليك كأني لم أراك منذ عامًا، وكيف لا أشتاق إليك وأنت اشتياقي وراحتي طمأنينةُ قلبي، صديقي حين أُخطئ، أبي عندما أحزن، حبيبي عندما يقسو العالم حولي، مأمني عندما أخاف، وكيف بعد ذلك لا أحبك وماذا بعد الحب أهديك، فعندما تجلس معي أشعر وكأن العالم حولي يبتسم وكأنك وُجدت لتمحي بشاعة الوحدة فهنيئًا لي وجودك بجانبي وهنيئًا لعيوني التي تراك وهنيئًا لي فقد اخترتني لأكون نصفك الأخر..

ك/مـــــروة محمـود

محافظة الفيوم

مِنَ المُؤسف جداً ألّا تَجِدْ مَنْ يَفهمك.. جَلستُ مَع الجَميع، العائلة، الأصدقاء، الأسرة، حتى أقربُ الأقربين، لا تَجِد مَن يَفهمُ تَفكيرك، جَلستُ مَعهُم ومع كُلِ شَخص أجلِسُ مَعهُ أشعر أنهُ لا يُناسبني في الرأي، التفكير، التخطيط، حتى الشخصية وسماتها، حتى بدأت أن أبتَعِد واحدة تلوى الأُخرى، مُؤسف جداً أنّكَ تعيش في بيئة لا أحد يَفهمُك، فتُجبِرُكَ على التّخلي عنهم جَميعاً، فكيفَ للإنسانِ أن يَعيشَ في بيئةٍ لا تفهمُ تَفكيرك فتُجبِرُكَ على البُعد عنهم، أنْ تَجلِسَ بِمُفردك خَيرٌ لك مِنْ أن تَجلس مع أشخاص لا يُقدِرونك ولا يَفهمُونك، حاول أن تُدبر أمورك بِنفسِك، لا تَنتظر شيئاً مِن أحد فكُل إنسان يَحسِبها من الاتجاه الخاص به، أنت أيضاً ابحث عن الاتجاه الخاص بك وأكمل طريقك، فليست العبرة بمَنْ مَعكَ ولكنّ العبرة بمَنْ يَفهمك، وإن نقص جُزء مِن حَياتِك فإيّاكَ أنْ تُكمِلَهَا بالعَابِرِين.

گ/ أحمد إبراهيم

الحياة بتمشي، مهما حصل معاك فعقارب الساعة هتكمّل لف ودوران عادي، وأي حدث أو موقف سيء مرّيت بيه تأثيره هينحصر عليك أنت بس، فمن الحكمة إنك كمان تتحرك وتمشي، ازعل شوية، أحزن، خد وقتك في التجاوز بس متطولش ومتثبتش عندك، وزي ما اللي قبل ده عدّى ده برضو هيعدي، المهم متفضلش و اقف مكانك وكل اللي بتعمله إنك باصص وراك، لإن وقوفك ده مش هيأذي حد غيرك.

گ/ أحمد إبراهيم

خلّي لنفسك شخصية قوية وعاقلة، متبقاش علطول الشخص اللي بيسمع كلام حد فكل المواضيع، وبرضو حاول تلاقي حلول لنفسك متروحش علطول تاخد رأي فلان وفلان كده مش هتبقالك شخصية، وهتفضل طول عمرك مش بتفكروهتفضل طول عمرك بتنفذ أفكار الناس وتمشي على كلامهم، اجعل لنفسك شخصية قوية وسط أهلك وصحابك وعيلتك، ليك رأي وحكمة وتفكير اثبت عليه، أي حاجة مش حابيها ارفضها حتى لو عكس صحابك أو اي حد من طول عقلك رافضها، فاجعل لنفسك شخصية قدام الناس علشان كل لما تكبر يحترموا رأيك وتفكيرك ولما ييجوا يعملوا حاجة يفكروا فيك، ولربما أنت تتفوق عنهم وييجوا ياخدوا بنصيحتك، ومتسمعش كلام حد لأن مفيش حد بيتمنالك الخير، وخليك متمسك بقرارك ورأيك وحكمتك وكبّر دماغك من الباقي، واسمع كلام عقلك وتفكيرك أنت، وأنت أقل منهم فإيه؟

گ/ أحمد إبراهيم

امسك طوبة ارميها في البحر الكبير ده..

سمعت البحر عمل إيه؟

عمل صوت، مع وسعُه ده عمل رد فعل مع إن الطوبة متجيش فيه حاجة بس اضطرته يرُد، احنا كمان لينا رد فعل ولينا حق إنها تكون موجودة، بحر واسع طويل عريض طوبة بسيطة هزّت جُزء منه، ما بالك بقا بقلوبنا احنا اللي قد الكف، الكلمة تترمي فيه تشل نبضاتُه، حقنا لما تترمي جوانا حاجه نرُد رد فعلنا بأخلاقنا وزي ما الطوبة البسيطة هزّت كيان بحر كبير احنا كمان أقل كِلمة بتوجعنا وتهزّنا، مترموش وَترجعوا تلومونا وتقولوا إيه اللي حصل..

وكمان حاولوا تحسوا بالناس اللي قدامكم مش مجرد بيضحكوا قدامكم يبقى دا عمره الحزن ما شاف طريقه، لا ربما الحزن دا هو مسكُن الشخص دا نفسه بس مش راضي يظهر ليكم..

گ/ أحمد إبراهيم

حبيت أوضح ليكم حاجة وهو مثال بيختصر حياتك..

اعلم أن حياتك عبارة عن رحلة بالقطر، والناس اللي في حياتك هُم الرُّكّاب، والمحطات اللي القطر بيوقف فيها هي المواقف، في الرحلة دي هتعيش مواقف كتير، هتتصدم في ناس وهتزعل من ناس، وهتثق في ناس وهتفارق ناس، وهتفضل كدا لغاية ما كُل المُزيَّفين اللي في حياتك ينزلوا في محطاتهُم ومش هيكمّل معاك غير اللي بيحبّك بجد ومؤمن بيك من البداية وأهم حاجة إنك تاخد درس منهم وعبرة، يعني كدا كدا رحلتك هتكمل سواء بيهُم أو من غيرهُم، فخليها تكمل مع اللي يستحقك ويستاهلك، أما باقي الناس في أقرب محطة وارميهُم عشان تكمل رحلتك وأنتَ خفيف.

گ/ أحمد إبراهيم

مش كل الخلافات بتتحل بالنقاش..

في خلافات كتير من وجهة نظري بتتحل بالبُعد والتخلي، إنك تبعد عن الشخص دا فأنت أدرى وأعلم بحالك، وإن مهما اتناقشتوا مش هتلاقي أي نتيجة، هو البعد فعلًا مؤلم لكن في معظم الأوقات بيريح..

گ/ أحمد ابراهيم

بلاش تدي حد أكبر من حجمه، بلاش تكبر من حد هو مش يستاهل إنك تكبّره وتعظّمه، بلاش تفرض نفسك على حد هو مش متقبلك أو عاوزك، بلاش تكلم حد أو تقرب من حد هو مش عاوزك من الأساس حتى لو كان من صحابك، جيرانك، زملائك، عائلتك..

خلّي لنفسك شخصية وسط العالم المحيط بيك ومتخليش حد يستهتر بيك لأنك أنت مش أحسن منهم في حاجة، الخلاصة مَن استخف بك فأكرم نفسك بالبعد عنه.

ك/ أحمد إبراهيم

كُن دائماً مبتسمًا وابتهج، كُن لنفسك مصدر السعادة ولا تنتظر كائنًا ليقود أحلامك وأهدافك ويزرع الأمل بداخلك، فأنت أدرى بما تحتاجه نفسك، فأزهر دومًا بدون تردد ولا تشغل بالك بالآخرين وافعل ما تراه صحيحًا، فكُن شخصاً إيجابياً وستحلو لك الحياة ولأنك تتفاءل دائمًا فترى نفسك في حياة جميلة ومبهجة ومحددة بالأهداف، واعلم أن الإنسان بدون هدف كالسفينة بدون دفة فكلاهما سوف ينتهي حتماً، والسلام..

ﮔ/ أحمد إبراهيم

خليك دائمًا واثق من نفسك ومن قرارك، إيّاك أن تسمع أي كلام محبط من أي حد أنت أدرى بحالك، اصنع لنفسك مستقبل جميل بمجهودك وتعبك وسعيك، اجتهد وفكّر أنت هتعمل أي مستقبلاً، خطّط لكل حاجة وكمان حدد هدفك، قول لنفسك أنا عاوز أبقى كذا وكذا أنا هعمل كذا وكذا، أهم حاجة تحدد لنفسك طريق علشان متّوهش بين الطرق، ولما تحدد لنفسك طريق اعمل المستحيل علشانه، وفي الآخر هتوصل أكيد وبكل ثقة من طول واثق في نفسك وفي سعيك، وفي النهاية كن لنفسك القدوة في طريقك ولا تنتظر شيئًا من أحد.

گ/ أحمد إبراهيم

٢٠٢١/٤/٤

مؤلم جدًا لم تلاقي شخص مناسب وتمسك إيده وتطلع وتطلع أنت وهو السلم درجة ورا درجة وتستحملوا بعض وتعدوا المشاكل وتوصلوا لنصف الطريق أو نصف السلم وخلاص على وشك الوصول بالرغم إنك اخترت الشخص دا من بين ألف شخص، بس تبص كده تلاقي النصيب فرّقكم وتلاقي نفسك مش قادر تطلع السلم مع حد تاني خايف أحسن ترجع أنت وهو لأول درجة من تاني زي غيره، وعمرك ما هتنسى الشخص دا مهما حصل حتى لو مين دخل حياتك، برضو مفيش حد بيعوض مكان حد واللي قالك كده عبيط مش فاهم حاجة هو بس بيملى فراغك اللي سابوه غيرك مش أكتر، وصعب تطلع السلم من تاني وصعب إنك تكمل أصلًا.

ك/ أحمد إبراهيم

"عُد إلى الله"

أعلَمُ أنك تُذنِب أعلَمُ أنكَ بعِيد كل البعد عن اللهِ سبحانه وتعالى، أعلَمُ أنك تريد الرجوع إلى الله..

صديقي.. الجنة أبوابها سبعة فاعمل الصالحات لتدخل من أيها شئت.

السكينة مكمونة في سجدة طويلة مليئة بالدعاء والمناجاة لله تعالى، سجدة بها توبة لله تعالى ندم على ما فات منك، عمّا بدر منك في حق الله تعالى، تُب وعُد إلى الله لعل الله يُحدث بعد ذلك أمرًا.

گ/منة الخواجة *ذات النقاب*

مرسى مطروح

"سكني ومسكني"

كـتبتُ حتى جفت أقلامي ونفذت أوراقي

كـتبتُ حتى تورمت يداي ولم أجد ما يوفيها حقها

لا أشعر أنني أجدت وصفها أو شكرت فضلها عليَّ كما يجب

على الرغم من مدى حبي لها إلا أنني لا أستطيع أن أرد جزءًا

من فضلها

أمي هي ملكة متوّجة على عرش عالٍ صعب المنال

هي نجمة عالية لا يستطيع الحصول عليها إلّا مَن يستحقها

أمي رقيقة المشاعر والطباع، حنونة بشوشة حضنها الدافئ

يشعرني بالسكون

هي سكني ومسكني وراحتي وملجأي الوحيد بعد الله..

أحبك

ك/منة الخواجة *ذات النقاب*

مرسى مطروح

"بين الليل والنهار"

قبل الفجر بلحظات معدودة..

أشعر برائحة الأمل، جو من التفاؤل مع اختراق شعاع ضوء الشمس للسماء يُصدر ضوءًا خافتًا ونسمات الهواء الباردة النقية مع تطاير ورقات الشجر يمينًا ويسارًا، هواءٌ نقي وكأنه مفلتر من أي شوائب لا يوجد به سِوى بصيص من الأمل يخبرك حقًا أنه يومٌ جديد وبداية مختلفة، يخبرك أن ما مضى ما هو إلّا ذكريات وأنه يجب أن تتعلم منها ولا تحزن عليها وأن تركز على مستقبلك وأهدافك وما ستقوم بإنجازه.

يقول *أنا يوم جديد*
على عملك شهيد
فاغتنمني إني لا أعود
أحب الصباح وإشراقة الشمس
وبصيص الأمل في عيني دائمًا و أبدًا
وأؤمن بحتمية وصولي لأهدافي
سأكون أفضل لأنني أستحق

ك/منة الخواجة *ذات النقاب*

مرسى مطروح

"شعور راقي وإحساس عميق"

حبك لصديق أو أخ.. أم أو أب لرفيق طريق مثلًا هو إحساس عظيم جدًا، أن تجد سكنك وراحتك مع مَن تحب، أن تكون سجيّتك قلّة الكلام وتكون ثرثاراً مع مَن تستأنس به روحك وتحبه، أن تشعر أنك مع نفسك حين تتحدث معه لا تشعر بالخجل لا تحاول تصنّع المثالية أمامه تكون على طبيعتك وعفويتك، تشاركه تفاصيلك همومك أحزانك، تفترقان ثم تعودان بنفس الحب والشغف فقط لأنك تحبه وتستأنس به..

گ/منة الخواجة *ذات النقاب*

مرسى مطروح

"محبوب للكل"

بجد حاجة جميلة جدًا إنك تكون شخص محبوب من كل اللى حواليك، أي حد يعرفك يقولك والله حبيتك من قبل ما أتعامل معاك، تلاقي الناس تجيلك تقولك معلش أنا عندي مشكلة وبرتاح لما أتكلم معاك قولي أتصرف إزاي، ثقة كل اللي حواليك فيك دي بصراحة حاجة جميلة جدًا إن ربنا يكون مسخرك كدا عشان تريح الناس دي وتحل مشاكلهم بجد شعور حلو أوي.

"يكفي أن حب الناس فيك علامة من حب ربنا ليك"

گ/منة الخواجة *ذات النقاب*

مرسى مطروح

"قلب حنون"

عارفة أنتِ الطيبة والحنية إنك تكوني شخص حنين كدا وبتحسي باللي حواليكِ دي صفة حلوة أوي فيكِ على فكرة، ملكيش دعوة بكلام الناس وإن الطيب غلبان ودايمًا بيدوسوا على حقه مش حقيقة صدقيني، يكفي إن حبيبك محمد ﷺ كان طيب جدًا وكان حنون تخيلي إنه وقف لطفل يواسيه عشان عصفوره مات، خذوا النبي ﷺ قدوة ليكم في الحنية وطيبة القلب والإحساس بالناس.

گ/منة الخواجة *ذات النقاب*

مرسى مطروح

''كن سندًا له''

ذكِر الحزين بمزاياه أخبره أنك تراه طيبًا وجميلًا

ذكّره بأحداث ومواقف كان فيها شخصًا جيدًا وقويًا

هو لا يحتاج في لحظات ضعفه وحزنه سوى تلك الأشياء..

كن له داعمًا، كن له الظهر والعون لا تجعله يشعر بالوحدة والضعف.

اجبر كسر قلبه وتذكر قول النبي ﷺ:

''كان الله في عون العبد ما دام العبد في عون أخيه''

ك/منة الخواجة *ذات النقاب*

مرسى مطروح

"أحبب ذاتك"

أنا جاية أقولك إنك حلوة، لا بجد أنتِ حلوة أوي، ملامحك كلها جميلة زي ما هي كدا سواء كنتِ سمراء أو بيضاء مناخيرك كبيرة ولا صغيرة أنتِ حلوة عشان أنتِ حلوة بكل حاجة فيكِ، ملامحك وأسلوبك اللي يمكن طفولي شوية أو تغيّراتك المزاجية، بلاش كلام سلبي خالص وما تسمعيش لحد يقولك غير كدا أنتِ جميلة عشان أنتِ جميلة وعشان ربنا خلقك كدا، يمكن تكوني محتاجة اهتمام بنفسك شوية أو محتاجة شوية تطوير للذات بس أنتِ جميلة أصلًا.

حِبِّي نفسك

ثِقِي في نفسك

أنتِ تستحقي تكوني أفضل

گ/منة الخواجة *ذات النقاب*

مرسى مطروح

"سندي وأماني"

هو السند دائمًا هو الرفيق في الطريق، هو مَن يحارب العالم لأجلي يساعدني ويقف بجواري، أجده قبل أن أطلب أنا وجوده بجانبي.

شديد ويحب الانضباط لأجلي ولأجل أن أكون الأفضل، لكنه حنون به من الطيبة ما يكفي للعالم أجمع، في حضنه الأمان والدفء والراحة..

إنه أبي بطلي وقدوتي وحبيبي الأول والأخير، فخورة لأني ابنتك.

"ابنة أفضل أب بالعالم"

گ/منة الخواجة *ذات النقاب*

مرسى مطروح

"كن نفسك"

مع بداية كل يوم جديد جدد في نفسك الأمل، جدد ثقتك بنفسك تأكد من أنك ستصل يومًا رغم كل ما تمر به من عثرات وابتلاءات وصعوبات، ستصل إلى هدفك وتشعر بالفخر لنفسك بسبب تحقيق إنجازاتك فقط اصبر وصابر وعاجلًا غير آجلًا ستصل إلى حلمك، كن أنت لا تقتبس شخصيات أخرى غير شخصيتك لا تقارن نفسك بالآخرين قارن بينك وبين ذاتك قبل فترة..

تحسنت عن ذي قبل؟

زادت معدلاتك؟

طورت ذاتك؟

كل ما وجدت نفسك في تحسن إذًا أنت الأفضل لا تقارن نفسك بأحد، فقط اتبع أساليب النجاح والتفوق وستصل إلى مُرادك.

أنت تستطيع فعل المستحيل

گ/منة الخواجة *ذات النقاب*

مرسى مطروح

"محاربة الالم"

أعلم أن النضوج الذي أنا عليه الآن وبه اليوم حصاد لتلك الأيام والليالي التي ظننتها لن تمضي.. لكنها مضت، مضت بكرم الله ورحمته بقلوبنا التي كانت تكاد أن تنفجر، كان رحيم بفؤادنا الذي كان على وشك أن يسمع الآخرون أنين صوته، عندما تسألني يا عزيزي بما أنتِ قوية الآن؟

سأقول لك علّمني جرحي، نعم أصبحت قوية بسبب تلك المواجع والآلام التي كنت أواجهها بنفسي بين جدران غرفتي ومع فنجان قهوتي، أصبحت قوية بتلك الليالي التي كنت أقضيها ودمعاتي تسيل بحرقة على وسادتي، أنا لست قوية فقط بل أنا سعيدة أيضًا لأني حاربت حزني بمفردي ولم أحتاج إلى أحد أبدًا، سعيدة لأني لم أشعر في تلك الليالي بشفقة أحدهم عليَّ لأني كنت أعلم أن بعد ذلك من المستحيل أن أكون قوية لهذه الدرجة، فسلامًا لقلبي وشكرًا لنفسي التي واجهت كل هذا بمفردها..

گ/ إسراء نادي

محافظة الفيوم

"الإيمان والثقة بالله"

نبدأ باسمك اللهم على خوض درب جديد...

فابعد عنّا الحاقدين من الملوك ومن العبيد...

نستعين بك يا إلهي فيسّر أمورنا من التعقيد...

وبفضل جودك ورحمتك وبعونك نصنع العديد...

زدنا علمًا وصلاحًا وأبعدنا عن ما لا يُحب صلاحنا وما لا يريد...

نظن بك دائمًا خيرًا فأنت الصاحب والحبيب...

وندعوك بإخلاص منّا فأنت الحنّان المجيب...

رحيم بنا عن والدينا رب الناصح والمفيد...

اجبر قلوبنا وأصلحها فأنت رب النار التي تقول هل من مزيد...

ك/ إسراء نادي

محافظة الفيوم

''الأمل''

بالمناسبة يا عزيزي.. أنا أرى أن وجهك مريح جدًا و أنا شخصٌ قد ركض مسافات طويلة ليجد مكانًا يستريح فيه، أتعلم أن ملامحك يوجد فيها الكثير من القبول!

و أنا أطمئن لرؤيتك رغم كوني شخص بائس حزين.. أيحدث!

أيحدث أن تكون ملجأً لي في حزني وآلام قلبي التي لا مفر منها، أيحدث أن تكون سندًا لي فأنا بحاجة لأن أسند رأسي على كتف أحدهم ويُخبرني أنها ستمضي ولو كان كاذبًا..

 گ/ إسراء نادي

محافظة الفيوم

" محاربة هجران أحدهم لي."

أنت يا مَن بعيد عن عيني!

أنت بعيد أيضًا عن خاطري

منذ ذهبت وهجرت قلبي!

ذهبت معك مشاعري..

كنت الأقرب لقلبي

أصبحت الهاجر لقلبي والقاهر..

حسبي ربي في قلبك وفي تلك اللحظة التي جمعتني بك..

فوهبت لك كل خواطري..

گ/ إسراء نادي

محافظة الفيوم

"بكاء القلب"

دمعاتي تسيل من عيني

فلماذا تسيل دمعاتي

و أبكي من وحدتي وألمي

ولا أشعر بطعم حياتي..

وأصرخ صراخ الندم

على مَن رحل ومعه ضحكاتي..

أصمت على الكثير من ألمي

ولا أجد راحة بسُكاتي..

وأحاول التغلب على وجعي

و أتمكن التغيير من عاداتي..

فأتمنى أن يطمئن قلبي

من ربي ومن خير دعواتي..

گ/ إسراء نادي

محافظة الفيوم

''التفاؤل''

أتعلم أن ربُك رحيم بك عن أمك و أبيك..

حاشاهُ أن يرى قلبك منكسراً ولا يجبرهُ..

حاشاهُ أن يحيي فيكَ أملاً ثم يقتلهُ..

تمسك دائماً بالأملِ واجعل التفاؤل منهجاً في حياتك..

فكلما زادت التحديات والصعوبات كلما اقتربتَ من الوصول إلى آمالك..

ولا تخشى البدء من جديد في كل مرة

فربما تُعجبكَ قصتُك الجديدة أكثر من الذي فاتك..

ك/ إسراء نادي

محافظة الفيوم

"بسمتي في عز حزني"

أبتسم، نعم أنا أبتسم..

أبتسم من حسرتي على نفسي وسأظل أبتسم..

أبتسم من همي ويأسي..

نعم أنا أبتسم..

أبتسم في سهر جفوني..

أبتسم في دمعه عيوني..

لكني سأظل أبتسم..

أتعلم لماذا أنا أبتسم!

أبتسم من كسرةُ قلبي عليَّ

فقد سبّبت له الأذية

ورغم ذلك أبتسم..

أبتسم ابتسامات متألقة

من همومي وآلامي وأحزاني..

أبتسم ابتسامات مزيفة

لأقنع الآخرين أني أعيشُ بسلامِ

وسأظل أبتسمُ..

گ/ إسراء نادي

محافظة الفيوم

"التأمل بحزن"

يا لهُ من زمانٍ ثقيل الألم والحزنِ..

يا لها من أيامٍ لا يذكرُ فيها إلا الظلمِ..

أيامٍ مخيفة فأتمنى دوماً أنها تمضي..

فلا أشعر فيها إلا بالقهر وكثرةُ الهمِّ..

ولا أملك فيها سوى أن أشكو همومي لربي..

فدومًا أشكولهُ و أفوّضُ لهُ أمري..

قادرٌ على كل شيءٍ وقادرٌ أن يمحو همّي..

ك/ إسراء نادي

محافظة الفيوم

"أشياؤنا المكبوتة"

ثم ماذا؟

ثم يخرج ما تشعر به من عينيك لأن داخلك لم يعد يتسع..

أصبح قلبك مليء بالضرر يكاد يصرخ من شدة ما يشعر به

تراكم كل شيء بداخله وبدأت الأشياء المكبوتة تظهر على ملامحُك

فالعينُ مليئة بالدموع والندبات تظهر في الوجهِ

حتى الهالات أصبح لونها مثل سواد الفحمِ

أصبح الجسد يتكلم بنقص الوزن ونحافة الشكلِ

أرأيت!

أرأيت الحبوب في وجهي؟

أرأيت!

أرأيت السواد أسفل عيني؟

لا والله لم ترَ شيئًا سوى المزح واللعب

أنت لم ترَ سوى البسمة والضحك..

گ/ إسراء نادي

محافظة الفيوم

"لن أقبل عذرك يومًا"

ماذا لو عاد مريضاً و أنا علاجه!

أما أنا فألُازمه حتى يحين موعد شفائه ثم أتركه فيعود عليلاً مثلما كان فوالله لم أرى منه إلا القسوة وكثرة الهموم، أنا لم أرى منه إلا كل قبيح قدّمه لي مقابل كل جميل قدّمته له، رأيت منه سوء المعاملة إهمال دائم حتى لم أتذكره مرة كان يحدثني بلطف، لا والله كنت في كل مرة أفضّله على نفسي وكان في كل مرة لم يشتري خاطري، كان يكسرني في كل مرة وبكل قسوة حتى لم يأتي يوماً وشعرت بشفقته عليَّ فكيف أتمنى له أن يُشفى!

جعله الله وأوضعه في كل مكانة كان هو السبب في وصولي إليها يوماً ما..

ﮒ/ إسراء نادي

محافظة الفيوم

"ظننا أننا لا نهون فاستهان بنا"

مَن أنت يا مَن!

جعلت قلبي ينهار..

مَن أنت يا مَن!

جعلت الدموع في عيني ليل نهار..

آلمتني بحُبّك فكرهتُ الحب وكتابة لهُ الأشعار..

هل أنت بوجع اكتفيت؟

أوجعني إن لم تكن ترتاح..

إن أردت الألم فيّا أو حبيت؟ عذبُني فأنا أقبل ألمُك بسماح..

أتعذبُني؟

أتؤلُني؟

أتجرحُني؟ فيا ريت..

أقبل بعذابٍ نفسي لراحتُك وألم قلبي وجراحه..

گ/ إسراء نادي

محافظة الفيوم

"مواجهة الحياة"

هكذا هي الحياة لا يوجد إنسان بلا متاعب ولا يوجد فيها نجاح

بلا عقبات..

فجميعنا يمر بسوء التقدم وكثرة الفشل أحياناً في شيء ما

لكن لا بُد من المواجهة في كل مرة

لا بُد من أن نحاول من جديد..

من الممكن أن هذه المرحلة نجد فيها شيئًا أفضل مما فاتنا أو

من الممكن أن تكون أفضل من محاولة أخرى فشلنا بها..

هذه الحياة لا بُد من مواجهتها في كل مرة..

فنحن فقط مَن نقدر على أن نخرج أنفسنا من وهم نعيش

فيه..

نحن مَن نوهم أنفسنا دائمًا بأن الحياة مؤذية..

مؤذية لدرجة أنها لا تمنح أي فرص لأحد..

هي فقط مَن تحاول إفشالنا في كل مرة..

نحن حقًا مخطئون فالحياة صديق يحتاج منك فهمك

واستيعابك له لِيُريك كل جميل يكمن بداخله..

ڮ/ إسراء نادي

محافظة الفيوم

"اصطحاب نفسك"

أنا أعتذر منك على آلامك التي مضت ولم يشعر بها أحد

أعتذر منك على تلك الأيام التي تركت لك أثرًا لم يراه أحد

فقط قُم وانهض ولا تجعل شيئًا يؤثر فيك ولا على مستقبلك وأيامك القادمة.

ها نحن نمضي مطمئنين بفضل الله وليس بفضل أحد، أتمنى أن تعتذر أنت لنفسك مرة أخرى عن كل مرة كنت تُفضّل شخصًا ما عليك فقط اختر نفسك هذه المرة ولا تضع نفسك في مقارنة مع أحد أبدًا، ولا تعتذر أبدًا على هذه القسوة التي أنت عليها الآن وتذكر أن لا أحد اعتذر منك عندما كان السبب في ذلك الخراب الذي كنت عليه..

ﮔ/ إسراء نادي

محافظة الفيوم

"اطمئناني بك"

أتمنى أن تقول لي دائمًا أنك تحبني، تُفضّل حديثي وتفضّل أيضاً رُؤيتي

ربما أنا لست بخيروحديثك ينقذني مما أشعربه و أنت لا تدري

أتعلم؟ أنا أطمئن لمواساتك لي رغم كوني مليء بالضرر

نعم أنت فقط قادر على تغيير ما أنا عليه، قادر على أن تُمحي قلقي فقط بحديث منك مليء بالكلمات اللطيفة، فأنت مَن تملك القدرة على إدراك ما أشعربه لا أحد يفهمني بالنظر فقط سواك، أنت مَن بصحبته أسلك الطرق و أنا مطمئنة لم يُخيفني سوء الوصول أو عدم التقدم للأمام..

گ/ إسراء نادي

محافظة الفيوم

أنت مَن اختارهُ الله لي

وإن وصفتُكَ بالقليل المختصر..

أنت أجمل شيءٍ أفضلهُ في هذه الحياة، أنت النورالذي يضيء عتمتي

أنت شمعة في وسط الظلام تضيء حياتي، أنت إنسانٌ خَلوقٌ ذو خُلقٍ حَسنٍ يُستحبُ طبعهُ، أنت رفيقٌ ذو قلب ليّن وسهل، أنت حبيبٌ يملك حديثًا مليئًا بالكلمات اللطيفة والمريحة أيضًا، أنت الصدِيق الصدُوق الذي لا يملُ أبدًا ولا يمهل، أنت مَن اختاره الله لي زوجاً وحبيباً، نعم الكتف الذي أستند عليه عند خوفي وضعفي..

أنت مَن تستحقُ المحاربة لأجل أن تكونَ بجانبي، أنت مَن تستحق أن أبذل كل جُهدي ومجهودي من أجل رؤيتك مطمئنٌ وسعيد، أنت حياتي..

گ/ إسراء نادي

محافظة الفيوم

قتيلةٌ أنا على قيد الحياة..

لكن مَن سيحضرُ جنازتي!

يرون عمري والعمر تاه..

وأنا أبحث عن سعادتي..

ضاعت أيامي وسنين حياتي..

بين آلامي وصراخ آهاتي..

ولا أحد يسمع ضجيج قلبي..

سوى حبر قلمي في كلماتي..

ولن أستطيع النهوض والمقاومة..

فكلما بدأت في الاستمرار رأيت في وجوه البشر جروح معلمة..

مطبوعة في ملامحهم من غدر الزمان..

وقلوبهم حزينة مُيتمة..

فيؤلمني قلبي وما فيه..

وأعود للهزيمة مُسلّمة..

گ/ إسراء نادي

محافظة الفيوم

يمروقتي عكسًا ليس كما أريد، أجاهد و أتخطى كل المصائب ولا أحصل على الطريق الصائب الذي أتمناه، إلى متى؟ إلى متى سأظل أسير الطريق وأجد نهايته مغلقة؟ إلى متى سأظل في خانة المخذولين! إلى متى سأجاهد وأضحي بأيامي وسنيني لأجد نفسي في حالة أفضل وفي مزاج أهدأ؟ ضاعت أيامي و أنا أبحث عن الاطمئنان والسعادة، لكن مؤسف كنت في كل مرة لا أتذكر أن هذه أيام محسوبة من عمري هل سأظل بقية عمري هكذا؟ أمشي طريقي الغير مضمون و أنسى أن عقرب عمري يعد عليَّ أيامي؟

عذراً فأنا مجبورةً على السير في كل مرة..

ﻙ/ إسراء نادي

محافظة الفيوم

"حب النفس وعزّها على حساب الآخرين.."

يا له من زمان لا يُذكر فيه إلا القسوة وظلم البشرِ..

يا لها من أيام ثقيلة جداً على قلبي..

أشعر بالوحدة دائمًا رغم كثير البشر من حولي..

لا أجد أبدًا مَن يواسيني ويشاركني همّي..

أرى البشر في الحياة يقولون نفسي ثم نفسي ثم إن الآخرين لا يهموني بعد نفسي..

أحصل على ما أريد حتى وإن كان على حساب مَن حولي..

عودوا إلى ما يُرضي ربكم، عودوا إليه فوالله لن ينفعكم شيء من الدنيا سوى العمل الصالح ومَن يقول فيها ربي ثم ربي..

ﮒ/ إسراء نادي

محافظة الفيوم

"معاناتي مع وحدتي"

فجأة شعرت أني سأموت قهرًا من همّي وألمي، فأحضرت قلمي لأكتب عن وجع الساكن في قلبي، وبدأت أكتب كلماتي فمسكت قلمي وبدأت أبكي وجعًا من ظلمي وهمّي..

فبكى القلم معي من شدة ظلمي..

ونطق القلم فقال لي لا أريد أن ينفذ حبري على ألم قلب لا ينتهي للأبد..

فقُلت له شكراً على واجب لي قدمتهُ أنك رفضت أن أحكي وتسمعني..

لا ألومك على شيء فعلته فأنت لست أول شيء يهملني، فأهملتني الدنيا كالورود الذابلة فرضيت أنا بنصيبي وقدري..

ك/ إسراء نادي

محافظة الفيوم

"صادق نفسك"

فلتنسى الماضي ولتبدأ من جديد ولكن مع نفسك، صادق نفسك كن الأنس لنفسك، كن السند لروحك كن سببًا لسعادتك ابدأ كل صباح بمشروبك المفضل وداعب نفسك ولقّبها بأقرب الأسماء لقلبك، قُل لنفسك كل يوم أنت أجمل مَن بالكون، أنت ناجح أنت قدوة، قُل لنفسك كل يوم أنا فخوربكل إنجازاتك مهما كانت صغيرة وضئيلة فأنا فخوربك، قُل لنفسك أحبكِ يا روحي الجميلة، أحبك يا قلبي الطيب.. افعل كل هذا وستجد أنك مُكتفي بنفسك وذاتك لست بحاجة إلى سند ولست بحاجة إلى دعم ولست بحاجة إلى صديق، تحدث مع نفسك لا تخف ليس جنونًا بل إنه نضج أنت نضجت فبالتالي علمت أن لا أحد يؤتمن سوى نفسك الجميلة، احكي لنفسك أسرارك آلامك وأوجاعك، سعادتك و أفراحك وقُل دائمًا لنفسك أنا مكتفي بي أنا لنفسي وبنفسي سأحيا، أنا سند لي انا سرسعادتي..

ك/ سلسبيل أحمد

محافظة الفيوم

نوتيلا

''التجاهل''

التجاهل كفيل أن ينهي أي علاقة مهما كانت قوية وقديمة قادر يخليك تنسى أي مشاعر فقلبك، مش هتكره الشخص اللي تجاهلك بس مش هتحب، يعني هتبقى مشاعرك منعدمة من ناحيته لوكرهته يبقى شاغللك لسه له عندك مشاعر، أما شعور اللامبالاة ده أكبر بكتير من الكره فنصيحة متتجاهلش شخص بحجة هتختبر حبه ليك لإن وقتها بتكون بتعمل delete لأي مشاعر منه ناحيتك سواء حب أو غيره.

گ/ سلسبيل أحمد

محافظة الفيوم

نوتيلا

" كُلي واشربي وقُرّي عينًا"

عند وقوع المشاكل والمصائب فوق رؤوسنا نبكي ونمتنع عن الطعام والشراب وكأن كل مصائبنا ستزول وتنجلي، وكأن ذلك الإضراب هو الحل الأمثل لحل عثرات حياتنا ونقول هذه طبيعة بني آدم، عند الحزن ينقطع عن الطعام والشراب والضحك والكلام ولا يعلم أن هذا الانقطاع عبارة عن مخالفة لأوامر مالك المُلك مَن بيده كل شيء فكيف سيمحو همّك والملك وأنت تخالفه وتعصيه، فقد قال جلّ جلاله لمريم التي إن اجتمعت مصائبك ما كانت نقطة في بحر مصيبتها (كُلي واشربي وقُرّي عينًا) فكيف لك أنت يا مَن ترجوه أن يرفع عنك البلاء أن تخالف أوامره، أما ترى أنك تعصيه استيقظ من غفلتك أيها الحزين تبكي وتبكي وكأن البكاء هو الحل فكيف تكون مخالفة ربك هي الحل وقد قال جلّ جلاله (فضحكت فبشرناها) عليك بممارسة حياتك طبيعية ليزول حزنك وينجلي همّك فقط ثق بالله ولا تيأس..

ﮒ/ سلسبيل أحمد

محافظة الفيوم

نوتيلا

"ليس الحب بل التفاهم"

لسنا بحاجة إلى أن نبحث عن الحب الحقيقي بل نحن بحاجة إلى البحث عن التفاهم عن أشخاص يفهموننا، يفهمون تصرفاتنا عصبيتنا وانزعاجنا وعفويتنا، أشخاص يفهمون انفعالاتنا ومزاجنا المتغير، يفهمون تسرعنا في اتخاذ قرارات في لحظات غضب، الحب دون تفاهم سينتهي بمجرد سوء تفاهم صغير، القلوب تُقلب والحب يمُت إن لم يُسقى ولن يُسقى دون تفاهم، ستجد الكثير يحبك وأنت ستحب الكثير ولكن لن تجد سوى أقل القليل مِمَن يفهمونك، العلاقات بأنواعها إذا بُنيت على التفاهم نجحت وإن اختفى التفاهم اختفى الأساس ولا يمكن لشيء الصمود دون أساس ولا يمكن لعلاقة الصمود دون تفاهم، بالتفاهم تنتهي النزاعات وتُحل الخلافات ويبتدي الحب ثم يقوى ثم يقوى ثم يستمر فتُبنى حياة لا مثيل لها لأن الأساس كان صحيحًا..

ﮔ/ سلسبيل أحمد

محافظة الفيوم

نوتيلا

"مرحلة كغيرها"

أشعر بسرعة رهيبة في ضرباتِ قلبي

أشعر بضيقٍ في صدري وكأني لا أستطيع التنفس، لا أعلم ما هذا الشعور..

لربما لست وحدي أشعر بهذا الشعور، لربما يشعر به الكثير من حولي

أو ربما هي مرحلة يمر بها الجميع كمرحلة الطفولة والشباب والعجز..

لا أعلم، ولكني متيقنةٌ أنّهُ أصعب شعور وأصعب مرحلة، هي صغيرة ولكن لفترات طويلة تأتي تارة وتذهب تارة أخرى وعلى هذا الحال طوال العمر..

گ/ سلسبيل أحمد
محافظة الفيوم
نوتيلا

"القسوة "

القسوة شيء مبتذل جدًا، شعور أبشع من الكراهية، القسوة قاطعة للأرحام، هادمة للمشاعر، القسوة كمطرقة تكسر القلوب بل تحطمها تمامًا، لم تكن القسوة يومًا وسيلة لإثبات الرجولة..

ك/ سلسبيل أحمد

محافظة الفيوم

نوتيلا

الخاتمة

في الختام نتمنى من الله أن تنتهي الأفكار التي تجعل قلوبنا بائسة يائسة ويبدل لنا من الأفكار الغامضة أفكار مضيئة لامعة تزدهر بها حياتنا وتبتسم لنا الأيام من جديد...

بقلم الكاتبة/ ليلى شوقي العبد

محافظة المنوفية